An Guad`n!

Der Starnberger See begeistert Einheimische und Gäste immer wieder – nicht nur durch seine wunderbare Lage und die Schönheit der Natur. Er verfügt darüber hinaus noch über einen ganz besonderen Schatz – seine köstlichen Wasserbewohner! Das Seewasser ist nämlich nicht nur ideal zum Baden, Segeln oder Surfen, sondern auch der Lebensraum für eine Fischvielfalt, die sich kulinarisch nicht hinter der Naturschönheit verstecken muss.
In Bayerns zweitgrößtem See wachsen vor allem Renken, Hechte, Barsche, Seesaiblinge und -forellen, Karpfen, Aale und Weißfische heran und werden von den Berufsfischern der Fischereigenossenschaft Würmsee gehegt und gepflegt. Fangfrisch oder in be- oder verarbeiteter Form kann man die köstlichen Naturprodukte direkt bei den Fischern kaufen und oft auch gleich dort genießen. Damit die Vielfalt der Fischarten und Zubereitungsmöglichkeiten nicht nur ein Geheimnis der Fischerfamilien bleibt, soll dieses Kochbuch Fischliebhabern Anregungen geben, mit den heimischen Fischen köstliche Gerichte zu zaubern – ohne großen Aufwand – und zudem Zauderern bei der großen kulinarischen Vielfalt die Zurückhaltung vor dem gesunden Fischgenuss nehmen.
Zum Gelingen dieses ersten Fischkochbuchs vom Starnberger See haben viele Kundige beigetragen, denen ich an dieser Stelle herzlich danken möchte. Allen voran Johann Strobl, dem 1. Vorsitzenden der Fischereigenossenschaft Würmsee, und Ludwig Koch, der mir mit fachlichem Rat und einigen schönen Rezepten zur Seite stand. Mein besonderer Dank gilt darüber hinaus allen Fischerfamilien am Starnberger See, die ihre besten Fischrezepte für Sie verraten haben, und all den fleißigen Händen, die gekocht haben, um die Köstlichkeiten auch in schönen Bildern präsentieren zu können.

Herzlichen Dank Euch allen!

Viel Spaß nun allen Lesern beim Nachkochen und beim Genießen der g'schmackigen Fischrezepte und guten Appetit!

Ihre Dr. Eva-Maria Schröder

Die Fischerei am Starnberger See

Die Fischerei am Starnberger See hat eine lange Tradition, die mit der Besiedlung der Seeufer begann. Der Fischfang gehörte zu den Urtätigkeiten des Menschen und kann hier am See durchaus als historisches Kulturgut bezeichnet werden.

Gefischt wird hier schon, solange man denken kann – für Könige, Adel, Klöster und Landherren, „bessere" Seeanrainer und Münchner Bürger und in geringem Umfang auch für den Eigenbedarf der Fischerfamilien. Heute darf mit Angelkarte jeder Fischereischeininhaber privat fischen, gewerblich jedoch bleibt die Fischerei ausschließlich den Berufsfischern vorbehalten. Gefischt wird hier also bereits seit Jahrtausenden, lange bevor der Starnberger See seinen alten Namen „Würmsee" gegen den heutigen eintauschte (1962). Auch die heutige Fischereigenossenschaft (*www.wuermsee.de*), in der alle derzeitigen 34 Berufsfischerfamilien organisiert sind, existiert schon seit über 100 Jahren (1909). Damals gab es noch knapp 100 Fischerfamilien.

Die Fischereigenossenschaft Würmsee steht für nachhaltiges Wirtschaften, verlangt eine fundierte Berufsausbildung und unterstützt den Fortbestand der alten Familienbetriebe. Mitglied der Fischereigenossenschaft, und damit berechtigt, erwerbsmäßig am Starnberger See zu fischen, kann nur werden, wer den Titel des Fischwirtschaftsmeister trägt und ein Anwesen hat, auf dem ein Fischereirecht liegt. So wird alles getan, um den Fischbestand zu pflegen und zu schützen und auch zukünftig gesunden Fisch auf die Teller zu bringen.

In dem in einigen Bereichen weit über 100 m tiefen See leben derzeit gut 20 verschiedene Fischarten, allen voran die Renke, der „Brotfisch" der hiesigen Fischer, aber auch Seesaibling, Seeforelle, Hecht, Brachse, Flussbarsch, Karpfen, Aal, Rotauge, Rutte und Waller gehen den Fischern heute neben weiteren Arten in die Netze und Reusen. Die gute Wasserqualität durch den Ringkanal um den See herum macht den Fischverzehr qualitativ zum Hochgenuss. Übrigens: Es sind nicht nur kräftige Männer, die der Fischerei beruflich nachgehen, auch einige starke Frauen üben diesen harten Job am Starnberger See aus – zum Broterwerb und aus Familientradition. Auch sie setzen sich Tag für Tag in ihren offenen Booten Wind und Wetter, Sturm, Eis und Gefahren aus, teilweise ganz allein an Bord und manche sogar im weiblichen Doppelpack! Absolut bewundernswert, denn die Berufsfischerei ist nur an einigen wenigen Tagen im Jahr der romantische Traum vom filmreifen Sonnenaufgang, klarem Alpenblick und absoluter Stille. Immer ist es jedoch harte Arbeit!

Die Fischerfamilien vermarkten ihren Fang selbst. Sie beliefern die umliegende Gastronomie mit dem köstlichen Naturprodukt und versorgen direkt ab Hof auch private Fischliebhaber in den verschiedensten Varianten mit ihrem frischen Fisch aus dem Starnberger See. Man kann bei den Fischereibetrieben Fische entweder küchenfertig, das heißt geschuppt und ausgenommen, oder als Filet beziehungsweise geräuchert bekommen. In einigen Betrieben werden zusätzlich weiterverarbeitete Produkte in Form von Fischsuppen, -pasteten, -sülzen und -terrinen, eingelegten und marinierten Fischen, Fischpflanzerln usw. angeboten. Und eine leckere Fischsemmel schmeckt Radlern und Wanderern unterwegs auch gern mal schnell aus der Hand. Mancherorts kann man die verschiedenen Fischschmankerl sowie köstliche Fischgerichte sogar direkt im angeschlossenen Imbiss- oder Restaurantbetrieb genießen.

Adressen der Fischereibetriebe finden Sie auf Seite 96.

Speisefische vom Starnberger See:

Renke

Die Renke ist seit je her der „Brotfisch“ der Fischerfamilien am Starnberger See, ihr Anteil an den Fangerträgen der Berufsfischer liegt deutlich über 50%. Renken sind wohlschmeckende Speisefische, am bekanntesten dürften sie noch immer in ihrer geräucherten Form sein. Aber auch gebraten, gedünstet und gegrillt schmeckt die Renke köstlich und ist als problemloses Fischfilet unkompliziert auch von Kindern und Fischskeptikern zu genießen. Man kann Renken sehr vielfältig, von rustikal-einfach bis elegant in Champagnerschaum zubereiten – in jeder Form sind sie ein feines, regionales Geschmackserlebnis.

Seeforelle

Die Seeforelle gehört zu den lachsartigen Fischen und ist schon immer im Starnberger See heimisch. Der silbrig-glänzende Fisch kann deutlich größer als die Renke werden, über 1 m lange und bis zu 15–20 kg schwere Exemplare wurden schon gefangen. Das köstliche, lachsrote Fleisch der Seeforelle macht sie zu einem besonders attraktiven Speisefisch.

Seesaibling

Auch der Seesaibling gehört zu den lachsartigen Fischen und liebt tiefes, sauberes Wasser, wie er es im Starnberger See vorfindet. Der Seesaibling ist ein feiner Speisefisch mit lachsfarbenem, festen Fleisch und eignet sich hervorragend zum Braten, Blaukochen (er muss wegen seiner kleinen Schuppen nicht geschuppt werden) und auch Räuchern, ähnlich wie die Forelle.

Hecht

Der Hecht ist ein einheimischer Raubfisch, der durchaus über 1 m lang und über 20 kg schwer werden kann. Als Speisefisch ist er sehr geschätzt und hat ein sehr fettarmes Fleisch, so dass man ihn bei der Zubereitung vor dem Austrocknen schützen muss. Hechtfleisch wird auch gern zu Hechtklößchen, -farce und -nockerln verarbeitet und die Filets sauer eingelegt.

Weißfische

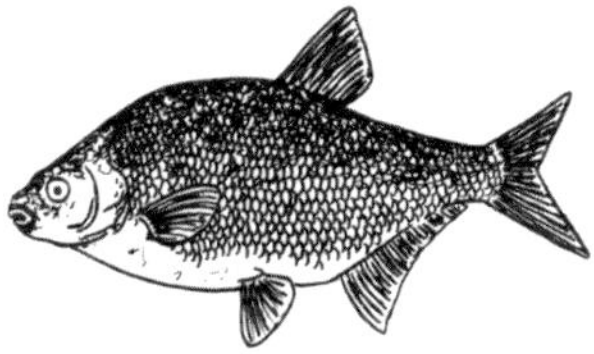

Als Weißfische werden verschiedene meist kleine, silbrig-weiße Süßwasserfische zusammengefasst, beispielsweise zählt man am Starnberger See Brachse, Rotauge, Seerüßling (Zährte), Mairenke, Nerfling, Aitel (Döbel) und einige andere dazu. Weißfische sind meist sehr wohlschmeckend, aufgrund ihrer vielen Gräten aber oft aufwändig zu bearbeiten – die Fischer haben jedoch auch hier ihre speziellen Methoden. Mit Grätenschneidemaschinen zerkleinern sie die Gräten, so dass auch diese kulinarischen Leckerbissen problemlos zu essen sind. Weißfische werden auch gern für Fischpflanzerl verwendet oder sauer eingelegt (mariniert), beispielsweise wie Brathering in Essig, denn durch die Säure wird der Kalk der Gräten aufgelöst.

Fisch – ein gesundes und hochwertiges Nahrungsmittel

In Bayerns zweitgrößtem See wachsen vor allem Renken, Hechte, Barsche, Weißfische, Seesaiblinge und -forellen, Karpfen, Rutten und Aale heran und werden von den Berufsfischern der Fischereigenossenschaft Würmsee gehegt und gepflegt. Und natürlich bestandsschonend gefischt – denn unsere einheimischen Fischarten sind gesunde, wohlschmeckende Lebensmittel! Eiweißreich, kalorienarm und im Prinzip reine Bioqualität, obwohl sie diese Bezeichnung offiziell nicht führen können. Ernährungsexperten empfehlen 1–2 Fischmahlzeiten pro Woche. Fangfrisch oder in be- oder verarbeiteter Form kann man die köstlichen Naturprodukte direkt bei den Fischern kaufen und oft auch gleich dort genießen.

Fischgerichte stellen eine wohlschmeckende und gesunde Alternative zu Fleisch dar. Das breite Angebot und die vielfältigen Zubereitungsmöglichkeiten bieten jede Menge Abwechslung und Raum für geschmackliche Neuentdeckungen. Durch seine wertvollen Inhaltsstoffe ist Fisch ein wichtiger Bestandteil einer vollwertigen Ernährung, denn er liefert uns hochwertiges Eiweiß, gesunde Fettsäuren, Vitamine sowie wichtige Mineralstoffe und Spurenelemente. Fisch ist eines unserer gesündesten Nahrungsmittel und zudem ein kulinarischer Tausendsassa.

Für eine Portion können Sie 200–250 g Fischfilet oder 250–350 g ganzen Fisch rechnen. Bei den Fischern vom Starnberger See (s.S. 96) können Sie direkt ab Hof küchenfertig vorbereitete Fische kaufen: Die Fische sind ausgenommen und geschuppt, auf Wunsch filetiert, zum Teil geräuchert, eingelegt und mariniert oder für den sofortigen Genuss sogar schon fertig gebraten, als Fischsuppe zubereitet oder zu Fischpflanzerln verarbeitet. Lassen Sie sich von der Vielfalt der zur Verfügung stehenden Vor- oder Zubereitungsmöglichkeiten überraschen, in jedem Fall erwartet Sie beim Kauf von Fischen aus dem Starnberger See ein frisches, hochwertiges Naturprodukt direkt vom Fachmann beziehungsweise der Fachfrau.

Was man beim Einkauf beachten muss und welche g`schmackigen Gerichte sich einfach und schnell mit den Wasserbewohnern zubereiten lassen, zeigen wir Ihnen in diesem Buch. Aus Fisch lässt sich mit ein klein wenig Wissen relativ einfach ein köstliches Mahl zaubern, und bei schmackhaft und grätenfrei zubereiteten Gerichten greifen auch Kinder gerne zu. Zudem sollte man nicht vergessen, dass eine schöne Fischmahlzeit immer ein kleines bisschen Luxus in den Alltag bringt.

Der See ist kein Selbstbedienungsladen

Die natürliche Lebensweise der Fische in Abhängigkeit von den Jahreszeiten sowie die zur Arterhaltung festgesetzten Schonzeiten bringen es mit sich, dass nicht alle Fische ständig zur Verfügung stehen. Barsch und Weißfische können Sie meist ganzjährig frisch bei Ihrem Fischer kaufen, im Oktober und November werden Sie jedoch keine frischen Renken bekommen, genauso wenig wie frische Saiblinge und Seeforellen. Zwischen Mitte Februar und Mitte April hat der Hecht Schonzeit. Aber auch während der Schonzeit müssen Sie nicht gänzlich auf Renke & Co. verzichten. Viele Fischer verkaufen sie tiefgefroren – im Ganzen oder als Filet, und in geräucherter Form gibt es die Renken sogar meist ganzjährig.

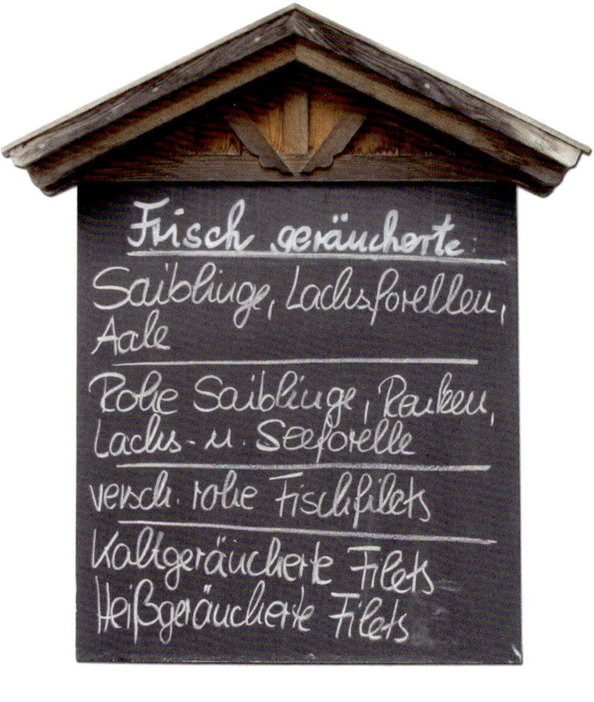

Vom richtigen Umgang mit frischem Fisch

Fisch ist ein sehr empfindliches Lebensmittel, deshalb sollten Sie bei Kauf, Transport, Lagerung und Zubereitung ein paar wichtige Punkte beachten.

Frischekriterien

Fischgeruch erinnert daran, dass Fisch schnell verdirbt. Durch sorgfältiges Begutachten können Sie erkennen, ob es sich um frische Ware handelt. An folgenden Merkmalen erkennen Sie frischen Fisch:

- Frischer Fisch „fischelt“ nicht, er riecht nach „seinem“ Gewässer, aber nicht fischig.
- Die Augen sind prall und glasklar, nicht eingesunken oder trüb.
- Die Kiemen sind von leuchtend roter Farbe und deutlich erkennbar. Vor der Zubereitung sollten sie jedoch unbedingt entfernt werden, Ihr Fischer macht das gerne für Sie.
- Die Haut ist glänzend-feucht mit einer klaren Schleimschicht und hat (ungeschuppt) festsitzende, glatte Schuppen.
- Das Fleisch ist fest und elastisch ohne Druckstellen; bei leichtem Druck auf das Fischfleisch bleibt keine Mulde zurück.
- Bei Fischfilet sollten die einzelnen Muskelsegmente nicht auseinander klappen.

Was bei ganzen Fischen gilt, ist auch bei Filets und geräuchertem Fisch zu beachten – die Ware darf nicht unangenehm nach Fisch riechen. Fischfilets müssen feucht-frisch wirken, sind sie glanzlos oder trocken, sind die Filets zu alt. Beim Kauf von Fischen aus dem Starnberger See direkt vom Fischer können Sie sicher sein, immer wirklich frischen Fisch zu bekommen, denn **Fischkauf ist Vertrauenssache!**

Der Fisch muss entspannen können

Fisch sollte man immer so frisch wie möglich essen, aber nicht nach der Methode „aus dem Wasser in die Pfanne". Denn durch die Hitze würde sich das Fischfleisch unweigerlich aufdrehen, aufplatzen und zusammenziehen. Renke & Co. sollten Sie deshalb am besten 1 Tag nach dem Fang garen. Fisch aus dem Meer sollten Sie dagegen möglichst am Tag des Einkaufs verzehren, denn sein Fang liegt ja schon etwas zurück.

Fische mögen es kühl

Fisch benötigt immer eine ausreichende Kühlung, auch beim Transport (Kühlbox im Sommer!), und eine sachgerechte Lagerung bei ca. 3–4 Grad Celsius. Legen Sie ihn zuhause in eine abgedeckte Schüssel im kältesten Teil des Kühlschranks, und bereiten Sie ihn innerhalb von einem Tag zu.

Tipp: *Wenn Sie sich den frischen Fisch beim Fischer vakuumieren lassen, hält er sich im Kühlschrank ein paar Tage länger, Räucherfisch so auch bis zu 14 Tage. Vakuumiert können Sie den Fisch auch portionsweise gut einfrieren!*

Achtung: *Fischart und Einfrierdatum auf dem Gefrierbeutel vermerken!*

Fisch einfrieren

Sie können Fisch auch einfrieren, am besten mit der Schock- oder Schnellgefrierfunktion Ihres Tiefkühlgerätes. Stellen Sie dazu das Gerät einige Stunden vorher auf die kälteste Stufe und frieren Sie dann den Fisch portionsweise ein. Magere Fischen vertragen den Kälteschlaf etwa 5 Monate, vakuumiert auch länger. Fetter Fisch sollte nach 2 Monaten „aufgeweckt" werden, vakuumverpackt bleibt auch er deutlich länger frisch. Tauen Sie gefrorenen Fisch immer langsam auf, am besten im Kühlschrank, sonst leidet seine Qualität.

Die drei großen „S"

Bei Zubereitungstipps für Fisch trifft man nach wie vor häufig auf die drei großen „S": Säubern, Säuern, Salzen. Säubern und Salzen sind ein Muss, das Säuern nicht unbedingt. Früher diente das Säuern vor allem dazu, den Geruch nicht mehr ganz frischen Fisches zu überdecken, aber bei fangfrischen Fischen aus dem Starnberger See gibt es das Problem natürlich nicht. Zwar verträgt sich Fisch wunderbar mit Zitrone, aber die kann man nach Geschmack auch kurz vor dem Verzehr darüber träufeln. Zuviel Säure beim Garen tut dem zarten Fischfleisch nämlich nicht gut!

Zum Säubern halten Sie den Fisch innen und außen unter fließendes kaltes Wasser und tupfen ihn anschließend mit Küchenkrepp trocken. Salz geben Sie am besten erst kurz vor dem Garen auf den Fisch, damit nicht unnötig Flüssigkeit entzogen wird.

So garen Sie Fisch richtig

Man kann Fisch auf viele Arten zubereiten, schonend sollten sie jedoch alle sein, um das empfindliche Produkt in bester Qualität zu servieren. Wichtig ist, die Hitze und die Garzeit dosiert und nicht zu groß zu wählen, denn sonst wird der Fisch schnell trocken, und es wäre schade um das gute Grundprodukt. Denn das zarte Fischfleisch gart schon ab 60 Grad!

Sie können Fisch dünsten, braten, grillen oder dämpfen, zu jedem Fisch oder Fischteil gibt es spezielle Zubereitungsarten. In jedem Fall geht das Garen recht schnell, denn Fisch enthält nur wenig Bindegewebe. Ein sichtbares Zeichen für den perfekten Garpunkt ist, wenn das Fischfleisch noch leicht glasig ist, sich aber gut teilen und von der Gräte lösen lässt. Ganze Fische sind gar, wenn man die Rückenflosse leicht herausziehen kann.

Bewährte und beliebte Garmethoden sind:

Braten in der Pfanne

In der Pfanne brät man am besten ganze Fische bis etwa 400 g, sowie Fischfilets mit und ohne Haut. Die Haut kann anfangs ruhig größere Hitze vertragen, damit sie schön knusprig wird, dann sollte man jedoch mit der Hitze deutlich zurück gehen.

Im Backofen

Im Ofen gart man ganze Fische oder Teilstücke und schützt sie durch Abdecken oder regelmäßiges Begießen mit Flüssigkeit vor dem Austrocknen. Auch in Folie, Bratschlauch oder Pergamentpapier, sowie unter der Salzkruste oder in Teig gehüllt, kann man Fisch im Ofen schön saftig zubereiten. Hierbei gart er im eigenen Saft und bewahrt sein Aroma besonders gut.

Grillen

Beim Grillen von Fischen muss die Glut schön heiß sowie Grillrost oder -zange vorher gut eingefettet sein. Wegen der großen Hitze eignet sich das Grillen vor allem für ganze Fische oder größere Teilstücke, Fischfilets kann man zum Schutz in Alufolie verpacken. **Achtung:** Fisch bis direkt vor dem Grillen kühl lagern und den Abstand vom Rost zur Glut der Fischgröße anpassen: Größerer Abstand bei empfindlichen Filets und zu Beginn bei ganzen Fischen, kleinerer Abstand kurz vor Schluss zum Bräunen ganzer Fische.

Pochieren

Hierbei zieht der Fisch in wenig Flüssigkeit langsam und unter dem Siedepunkt bei ca. 70–75 °C in einem reichlich gewürzten Sud (Wasser, Essig, Salz, Lorbeerblatt, Pfefferkörner, Wacholderbeeren, Zwiebel, Nelken und Suppengemüse) gar – niemals sprudelnd kochen lassen! Gut geeignet für ganze Fische mit Haut. Portionsstücke benötigen je nach Dicke und Temperatur etwa 10 bis 20, ganze Fische 30 bis 40 Minuten.

Blaugaren

Das Blaugaren ist eine Form des Pochierens. Damit der ganze Fisch nach dem Garen eine schöne blaue Farbe hat, darf man vorher seine Schleimschicht nicht zerstören, da sie für die blaue Farbe verantwortlich ist. Fische, bei denen man die Schuppen aufgrund ihrer Größe entfernen muss – wie beispielsweise bei der Renke, werden niemals blau, weil hierbei die Schleimschicht zerstört wird. Kleinschuppige Fische wie Forelle, Saibling oder Schleie sind für diese Zubereitung dagegen sehr geeignet. Nach dem Blaugaren in einem sauren Sud wird der „blaue" Fisch gern mit ausgelassener Butter bepinselt.

Dünsten

Beim Dünsten gart der Fisch sehr schonend im eigenen Saft mit wenig Fett und etwas Flüssigkeit (Fischfond, Weißwein) – nicht mehr als dass der Boden des Topfes einen Zentimeter hoch mit Flüssigkeit bedeckt ist, oder auf tropfnassem Gemüse in einem geschlossenes Gefäß – bei gemäßigter Temperatur. Saftig und aromatisch kommt er auf den Teller. Zarte Filets brauchen nur ca. 5 Minuten, ein großer Fisch kann bis zu 40 Minuten benötigt. Dünsten ist eine sehr gesunde Zubereitungsart, da Eigengeschmack, Nährstoffe und Vitamine gut erhalten bleiben.

Dämpfen

Fischfilets und kleine ganze Fische werden durch heißen Dampf schonend und fettfrei gegart. Man kann einen speziellen Bambuskorb oder einen Topf mit Dämpfeinsatz verwenden. Vor allem für kleine und zarte Fische beziehungsweise Fischfilets eignet sich diese Zubereitungsart. Filets benötigen je nach Größe eine Garzeit von ca. 3–5 Minuten, größere Portionsstücke müssen ca. 10–15 Minuten im Dampf garen.

Fisch richtig grillen

Beim Grillen von Fisch darf die Hitze nicht zu groß sein. Besser etwas weniger Kohle verwenden beziehungsweise den Fisch nicht zu dicht an die Glut bringen. Als Faustregel gilt: Je dicker der Fisch, desto größer der Abstand zur Glut, so vermeidet man, dass der Fisch außen schon verbrannt, innen aber noch roh ist. Sanfte Hitze gart schonender und gleichmäßiger, was besonders bei der zarten Fleischstruktur von Fisch extrem wichtig ist. Damit die Haut des Fisches nicht am Rost kleben bleibt, muss er vorher gut mit Öl eingerieben werden. Praktische Helfer sind spezielle Grillkörbe oder -zangen, in die die Fische eingespannt werden.

Welche Fische kann man grillen?

Je fettreicher und festfleischiger ein Fisch ist, desto einfacher lässt er sich grillen. Das Fleisch von Fischen ist besonders zart, deshalb kann es bei zu langer Grillzeit und zu hohen Temperaturen leicht austrocknen und auseinander fallen. Kleine und mittelgroße Fische, wie beispielsweise küchenfertig vorbereitete Renken, kann man im Ganzen auf den Grill legen. Ihre Bauchhöhle lässt sich mit schmackhaften Kräutern, Zwiebeln oder Speck füllen. Große Fische wie Hecht oder Karpfen werden als Filets oder Steaks gegrillt.

Fisch zum Grillen vorbereiten

Kleinere Fischstücke können auf einen Spieß gesteckt werden. Verschiedene Fischarten lassen sich dabei ebenso kombinieren wie Fisch und Gemüse. Um das Wenden der Grillspieße zu erleichtern, nehmen Sie einfach zwei Spieße, dann verdreht sich das Grillgut beim Wenden nicht. Die Fischstücke können vor dem Grillen ca. 1,5 Stunden in einer Marinade eingelegt werden. Damit sich ihre Aromen besser über das Fischfleisch verteilen, schneidet man ganze Fische vor dem Marinieren auf beiden Seiten drei- bis viermal ein. Zum Einlegen eignen sich am besten flüssige Marinaden auf Basis von Öl, Essig, Wein oder Sojasauce. Je nach Geschmack können ihnen Petersilie, Dill, Estragon, Oregano, Minze, Basilikum, Fenchel, Chili, Ingwer, Senf, Limette, Knoblauch oder Frühlingszwiebeln beigefügt werden. Kurz vor dem Grillen werden die Kräuter mit dem Pinsel abgestreift oder abgetupft, damit sie nicht in die Kohle tropfen. Erst jetzt wird der Fisch gesalzen.

Wer keine Zeit zum Marinieren hat, schneidet größere ganze Fische auf beiden Seiten drei- bis viermal tief ein und spickt die Einschnitte mit Kräutern, Zitronen- oder Limettenspalten. Beliebte Kräuter sind z.B. Petersilie, Thymian, Dill und Estragon. Die Einschnitte können aber genauso gut mit gewürzter Butter oder auch Kräuterbutter gefüllt werden. In diesem Fall muss der Fisch allerdings in Alufolie garen, damit die schmelzende Butter nicht in die Glut tropft.

Festfleischige Fischfilets oder -steaks kann man wie ganze Fische direkt auf den gut geölten Grillrost legen. Empfindliche Filets, die leicht zerfallen, sind in einem geschlossenen Stück Alufolie am besten aufgehoben. Bei diesen Päckchen kann man auch noch etwas Wein oder Fischfond angießen, damit der Fisch besonders saftig wird. Wichtig auch hierbei: Die Folie muss gefettet sein. Wer Knoblauch liebt, reibt sie vorher mit einer halbierten Zehe ein. Bei dieser Methode bleibt der Fisch schön saftig und aromatisch, vor allem, wenn er vorher mariniert wurde.

Wichtig ist die Grilltemperatur

Die richtige Grilltemperatur ist dann erreicht, wenn die Kohle von einer weißen Ascheschicht überzogen ist. Der Rost muss in einem größeren Abstand über der Glut hängen als bei Würstchen oder Steak. Damit die Haut des Fisches nicht hängen bleibt, sollte er außerdem geölt sein. Praktische Hilfsmittel sind spezielle Grillkörbe oder Fischzangen, in die die Fische eingespannt werden. So lassen sie sich besonders leicht wenden. Alu-Grillschalen eignen sich ebenfalls gut, auch sie sollten vorher geölt werden und beim Auflegen des Fisches schon heiß sein.

Grillzeit beachten

Fisch muss auf dem Grill im Auge behalten werden und mit viel Feingefühl gilt es, den Moment zu erwischen, in dem er fertig ist. Dünne Filets sind schon in wenigen Minuten gar. Wenden Sie den Fisch am besten nur einmal, sonst könnte er auseinander fallen. Die Grillzeit ist generell weit kürzer als bei Fleisch. Um zu testen, ob der Fisch gar ist, versucht man bei ganzen Fischen die Rückenflosse herauszuziehen. Lässt sie sich leicht lösen, ist der Fisch gar.

Räucherfisch – schmackhaft und vielfältig

Schon seit sehr langer Zeit wird das Räuchern von fetthaltigen Lebensmitteln eingesetzt, um ihnen einen besonderen Geschmack zu verleihen. Zudem wird durch dieses Verfahren die Haltbarkeit der Grundprodukte verlängert. Beim Räuchern werden die vorher gesalzenen/gewürzten Produkte über einen bestimmten Zeitraum dem Rauch und der Hitze von Holzfeuern ausgesetzt, um Geschmack, Geruch, Aussehen und Textur positiv zu beeinflussen.

Viele Fische aus dem Starnberger See sind für das Räuchern geeignet, allen voran die Renke. Aber auch Saibling, Forelle, Aal, Brachse, Karpfen & Co. verleiht der Räucherprozess ein wunderbares Aroma, und die Fische lassen sich in dieser Form sowohl „nature" zur Brotzeit genießen als auch als Basis herrlicher Gerichte verwenden. Einige Rezepte mit Räucherfisch finden Sie natürlich in diesem Buch.

Es gibt verschiedene Arten zu räuchern, das Heißräuchern bei etwa 60–100° C über ca. 3 Stunden, sowie das Kalträuchern bei maximal 30° C über eine längere Zeit. Vor dem Räuchern werden die ganzen Portionsfische oder die Fischteile (z.B. Filets) speziell gewürzt, das heißt, sie werden in einer Lake oder trocken gesalzen und ggf. mit Zucker und verschiedenen Gewürzen vorbehandelt. Hier hat jeder Fischer sein eigenes Geheimnis für den besonderen Geschmack seiner Produkte. Dann werden die vorbereiteten Fische, je nach Verfahren bei unterschiedlichen Temperaturen und Zeiten, mit unbehandelten Laubhölzern in speziellen Öfen geräuchert. Man erkennt es schon am verführerischen Duft, wenn der Fischer seinen Räucherofen in Betrieb hat!

Frisch geräucherte, vielleicht sogar noch warme Fische, sind ein einzigartiges Geschmackserlebnis. Aber auch belegte Semmeln mit Räucherfischfilet sind eine herrliche Brotzeit beim Wandern und Radeln, und zudem kann man mit Räucherfisch wunderbar kochen. Und nicht zuletzt erfreuen dekorative Platten mit Räucherfisch auf jedem kalten Buffet Augen und Gaumen gleichermaßen – viele Fischer bieten diesen professionellen Fischplattenservice. Achten Sie bei den Fischern also unbedingt auf die speziellen Schilder, wann es frisch geräucherte Fische gibt!

Frisch
geräucherte
Starnberger See
RENKEN

Heiße Saucen und kalter Dip – köstliche Begleiter nicht nur zu Fisch!

Buttermilch-Limettenschaum

1 Limette
200 ml Sahne
200 ml Buttermilch
Salz, Pfeffer

Die Limette halbieren, auspressen und die Schale reiben. Den Limettensaft mit dem Abrieb und der Sahne aufkochen. Das Ganze von der Flamme nehmen, mit der Buttermilch verrühren, abschmecken und mit dem Zauberstab aufschäumen.
Direkt vor dem Servieren zubereiten

Meerrettich-Sauce

50 g Butter
1 feingewürfelte Gemüsezwiebel
150 ml Weißwein
50 ml Wermut
150 ml Fischfond
100 ml Sahne
50 ml Creme fraîche
2 EL Sahnemeerrettich
Salz, Pfeffer

Zwiebelwürfel in Butter andünsten, mit Wein und Wermut aufgießen. Flüssigkeit fast komplett einkochen, Fischfond hinzugeben, aufkochen und würzen. Sahne und Creme fraîche hinzugeben und auf gewünschte Konsistenz reduzieren lassen. Abschmecken mit Meerrettich, Sauce passieren. Vor dem Servieren mit dem Zauberstab aufschäumen.

Weißwein-Sahne-Sauce

125 ml Fischfond
125 ml Weißwein
100 g Creme fraîche
2 EL kalte Butter
Salz, Pfeffer, Zucker
125 ml steifgeschlagene Sahne
feingehackte frische Kräuter

Wein und Fond auf die Hälfte reduzieren lassen, Creme fraîche einrühren und die Sauce einmal kurz aufkochen lassen. Die Butter in Flöckchen unterrühren, Sauce würzen und vom Herd nehmen. Nun die steifgeschlagene Sahne zusammen mit den Kräutern unterziehen und nochmal abschmecken. Passt sehr gut zu pochiertem Fisch!

Weißwein-Schaum

250 ml Fischfond
125 ml Weißwein
50 g kalte Butter
Salz, Pfeffer, evtl. Sahne

Fischfond, Wein und eventuell etwas Sahne auf die Hälfte einkochen lassen und würzen. Kalte Butterstückchen unterrühren und mit dem Pürierstab aufschäumen. Sofort servieren.

Limetten-Weißweinsauce (4 Portionen)

4 Eigelb
5 EL Weißwein
1 EL Limettensaft
Salz, Pfeffer, Zucker
120 g Butter
½ Bund Dill, fein gehackt

In einer kleinen Metallschüssel Eigelbe, Limettensaft und Weißwein verrühren, mit Salz, Pfeffer und Zucker würzen. Das Ganze im Wasserbad mit dem Schneebesen aufschlagen, bis die Sauce dicklich wird. Dann die kalte Butter in kleinen Flöckchen unterschlagen, den feingehackten Dill zufügen und nochmal abschmecken. Sauce direkt vor dem Servieren zubereiten.

Limetten-Sauce (4 Portionen)

80 g gehackte Schalotten
3 – 4 Limetten, Saft auspressen
50 ml Weißwein
50 ml Fisch- oder Gemüsefond
50 ml Sahne
90 g eiskalte Butter
Salz, Pfeffer

Schalotten mit Saft, Wein und Fond 10 Minuten köcheln lassen, durch ein Sieb in eine kleine Pfanne gießen und die Sahne unterrühren. Die Sauce etwa auf die Hälfte einreduzieren lassen und mit Salz und Pfeffer würzen. Zum Schluss die Butter in kleinen Flöckchen unterrühren, sofort servieren.

Paprika-Cremesauce (4 Portionen)

2 rote Paprika
1/2 Zwiebel
1 Knoblauchzehe
10 g Butter
1/2 EL Paprikapulver
1/2 l Gemüse- oder Fischfond
1 Schuss Weißwein
1/4 l Sahne
Salz, Pfeffer

Zwiebel und Knoblauch schälen und klein schneiden. Die Paprika waschen, halbieren, entkernen und in Würfel schneiden. Zwiebel und Knoblauch in einem Topf mit der aufgeschäumten Butter anschwitzen, die Paprikawürfel zugeben und kurz mit dünsten, ohne sie zu bräunen. Mit Paprikapulver abstäuben und mit einem Schuss Weißwein ablöschen. Den Fond aufgießen und ca. 20 Minuten köcheln lassen, dann die Sahne unterrühren, einmal aufkochen lassen und mit einem Stabmixer pürieren.

Die Paprikacreme ist das ideale „Bett" für kross gebratene Fischfilets.

Schnelle Senfsauce

Geben Sie in eine heiße Pfanne zu gleichen Teilen Brühe und Sahne sowie verschiedene Senfsorten und Abrieb von einer Orangenschale. Das ganze gut verrühren, abschmecken und mit etwas kalter Butter montieren.

Passt sehr gut zu Fisch, aber auch zu gekochten Eiern

Kalter Senf-Honig-Dill-Dip

Honig, Senf, Creme fraîche, Sauerrahm oder Schmand verrühren, mit Salz, Pfeffer und reichlich fein gehacktem Dill abschmecken.

Passt sehr gut zu geräuchertem Fisch und Matjes, auch zu Bratfisch.

Jetzt geht`s los!

Wenn Ihnen jetzt allmählich das Wasser im Mund zusammenläuft und Sie schon so richtig Appetit auf Ihre nächste Fischmahlzeit haben, dann finden Sie bei diesen köstlichen Rezepten sicher das Passende. In diesem Sinne: Guten Appetit und lassen Sie es sich schmecken!

Tipp: *Die Gerichte lassen sich zum größten Teil auch mit anderen als im Rezept angegebenen Fischen zubereiten!*

Ludwig Koch, Fischwirtschaftsmeister und ehemaliger Mitarbeiter des Instituts für Fischerei in Starnberg, empfiehlt:

Barschröllchen in Senfsauce

4 Personen:

800 g Barschfilet (Egli) ohne Haut
50 g mittelscharfer + 50 g süßer + 5 g scharfer Senf → vermischen
¼ l trockener Weißwein
¼ l Fisch- oder Gemüsebrühe
50 g durchwachsener Speck
1 EL Öl
20 g Mehl
2 EL fein gewürfelte rote Paprika
Salz, Pfeffer, Zucker
Holzspießchen/Zahnstocher

Filets kurz abspülen und mit Küchenpapier trocken tupfen. Eine Seite dünn mit einem Teil der Senfmischung bestreichen und aufrollen, mit je einem Holzspießchen feststecken.
Für die Sauce den Speck würfeln und in Öl ausbraten, mit Mehl bestäuben und unter Rühren gut durch rösten, dann mit Wein und Brühe ablöschen. Paprikawürfel zugeben, fünf Minuten köcheln lassen und den restlichen Senf unterrühren.
Die Sauce mit etwas Salz, Pfeffer aus der Mühle und einer Prise Zucker pikant abschmecken. Die Röllchen in die Sauce stellen und mit geschlossenem Deckel bei sanfter Hitze ca. 8–10 Minuten garen lassen.

Zu den Barschröllchen passen Kartoffeln und ein gemischter Salat.

Tipp: *Am Bodensee wird der Barsch Egli genannt und gilt hier wie dort als Delikatesse!*

Die Mutter von Fischwirtschaftsmeister Rolf Bäck in Unterzeismering bereitet Bratfisch so zu:

Bratfischfilets von der Renke

1 kg Renkenfilets mit Haut (ca. 10–12 Stück)
Öl zum Braten
Salz, Pfeffer
2–3 große Zwiebeln

Für den Bratfisch-Sud:
800 ml Wasser
500 ml Tafelessig
4 TL Salz
2 EL Zucker
2 Nelken
2 TL Pfefferkörner, weiß
4 EL Senfkörner
3 Wacholderbeeren
4 Lorbeerblätter

Den Sud aufkochen, etwa ½ Stunde vor sich hin köcheln lassen und anschließend abkühlen. Zwiebeln in Ringe schneiden und separat in etwas Wasser einmal kurz aufkochen, herausnehmen und ebenfalls abkühlen lassen.

Die Renkenfilets würzen und von beiden Seiten im heißen Öl kurz anbraten. Anschließend zusammen mit den Zwiebelringen in den kalten Sud einlegen, so dass sie gut bedeckt sind. Kalt stellen.

Die Bratfischfilets können bereits am nächsten Tag gegessen werden, halten sich gut gekühlt aber auch bis zu 10 Tagen – wenn sie nicht schon vorher verspeist wurden, weil sie so gut schmecken!

Tipp: *Statt der Filets kann man auch ganze Fische ohne Kopf und Schwanz auf diese Weise als Bratfisch zubereiten. Das Rezept ist auch gut für Weißfische geeignet.*

Tipp: *Der Sud eignet sich übrigens auch gut zum „Blaukochen“ von ganzen Fischen!*

Brigitte Huber von der Fischerei Huber in Ammerland hat die Anregung für dieses Rezept von einer Neuseelandreise mitgebracht.

Fisch-Gemüse-Wraps

4–6 Personen:

600 g Mehl (+ etwas Mehl zum Ausrollen)
100 g Butter, geschmolzen
400 ml warmes Wasser
Salz, 1 EL Sonnenblumenöl
etwas zerlassene Butter zum Bepinseln der gebratenen Wraps
4–6 Saiblingsfilets ohne Haut (oder andere Fischfilets)
4 gelbe Rüben
1 Lauchstange
4 Spitzpaprika rot
3 Schalotten, 2 Knoblauchzehen
6 EL gehackte Petersilie
250 g geriebener Käse
6 EL Knoblauch- oder Currysauce (mit 2–3 EL Wasser verdünnen)
Öl zum Braten, Salz, Pfeffer

Für den Wrap-Teig die geschmolzene Butter und eine Prise Salz über dem Mehl verteilen, das warme Wasser nach und nach unter Rühren zugeben, den Teig intensiv kneten und 1 EL Sonnenblumenöl zugeben. Weiter kneten, bis der Teig geschmeidig ist und nicht mehr klebt.
Das Gemüse waschen und putzen. Schalotten, Knoblauch fein würfeln, gelbe Rüben raspeln, Lauch in feine Ringe schneiden und die Spitzpaprika würfeln. In etwas Öl zunächst Schalotten und Knoblauch anschwitzen, Möhren und Paprika hinzugeben und zum Schluss den Lauch kurz mit andünsten, würzen. Das Gemüse vom Herd nehmen, es soll noch Biss haben, und Petersilie unterheben. Den Teig auf einem bemehlten Backbrett zu einer Rolle formen und in 8 Stücke aufteilen. Hieraus große Fladen ausrollen und in einer großen, mit Öl ausgepinselten Pfanne nach und nach 8 Wraps ausbraten. Anschließend mit etwas geschmolzener Butter einpinseln.

Für die Füllung der Wraps die Fischfilets in feine Streifen schneiden. Je 1/8 des Gemüses auf den Wraps verteilen, Fischstreifen darüber legen, mit etwas Käse bestreuen und je 1 EL von der verdünnten Sauce darüber träufeln. Die Fladen aufrollen und auf ein gefettetes Backblech legen, mit Käse bestreuen. Die Fisch-Gemüse-Wraps bei 200°C Umluft ca. 15–20 Minuten im Backrohr fertig garen. Zum Servieren schräg anschneiden.

Tipp: *Für die Wraps eignet sich auch ein normaler Pfannkuchenteig.*

Tipp: *Das Rezept eignet sich auch zur Zubereitung am Vortag. Wraps über Nacht im Kühlschrank bedeckt mit einer Frischhaltefolie aufbewahren. Sie ziehen dann geschmacklich wunderbar durch.*

Erika und Herbert Schneider von der Fischerei Schneider in Garatshausen lieben diese Fischpflanzerl:

Fischpflanzerl

4 Personen:

6 Renkenfilets ohne Haut (oder andere Fischfilets)
½ Zwiebel, fein gewürfelt
1 eingeweichte Semmel vom Vortag
1 Ei
Salz, Pfeffer, Zitronensaft, Dill
Butter und Öl zum Braten
Semmelbrösel
2 EL Sesamsamen

Zwiebelwürfel in Öl oder Butter glasig anschwitzen. Die Fischfilets in einem Mixer mit einigen Dillzweiglein pürieren. In einer großen Schüssel die Fischfarce, die gut ausgedrückte Semmel, die angebratenen Zwiebeln, gehackten Dill und das Ei gut vermischen, mit Salz, Pfeffer aus der Mühle und Zitronensaft würzen und etwa 10 Minuten durchziehen lassen. Dann 8 gleichgroße Fischpflanzerl aus der Masse formen und in der Semmelbrösel-Sesam-Panade wälzen.
Butter und Öl in einer Pfanne erhitzen und die Pflanzerl bei milder Hitze von beiden Seiten kross und goldgelb braten. Auf einem Küchenkrepp vom überschüssigen Fett befreien.
Zu den Fischpflanzerln schmecken Kartoffelsalat, Petersilienkartoffeln und ein gemischter Salat gut.

Tipp: *Beim Durchkneten der Pflanzerlmasse empfiehlt es sich, einen Küchenhandschuh zu tragen.*

Tipp: *Die Pflanzerl lassen sich auch gut aus anderen Fischen, beispielsweise Weißfischfilets, zubereiten.*

Sabine Hirn von der Fischerei Mathias Hirn in Ambach weiß, dass ihre „Fischstäbchen" von der Renke nicht nur Kindern schmecken!

„Fischstäbchen" von der Renke

4 Personen:

8 Renkenfilets ohne Haut
2 Eier
Semmelbrösel
Mehl
Salz, Pfeffer, Zitronensaft
Butterschmalz

Filets mit Salz, Pfeffer und Zitronensaft würzen. Anschließend den Fisch zunächst beidseits in Mehl wenden, dann durch die verklepperten Eier ziehen und anschließend rundum mit den Semmelbröseln bedecken.

In einer Pfanne Butterschmalz erhitzen und die panierten Renkenfilets darin ausbraten – pro Seite ca. 3 Minuten, bis sie goldgelb sind.

Zu den „Fischstäbchen" passen gut Kartoffelsalat und etwas Remouladensauce.

Susanne Huber von der Fischerei Müller in St. Heinrich schätzt dieses Rezept besonders:

Frischer Gartensalat mit warmen Renkenlebern und Pfifferlingen

Pro Person ca.:

50 g Renkenlebern
50 g Pfifferlinge oder andere feste Schwammerl
Frische gemischte Blattsalate
Gehackte Zwiebeln oder Schalotten
Kirschtomaten
Schnittlauch
Gehackte Petersilie
Pfeffer, Salz, Rotweinessig, Sonnenblumenöl, Traubenkernöl

Vinaigrette aus Sonnenblumenöl, einem Schuss Traubenkernöl und Rotweinessig, Salz, Pfeffer aus der Mühle und Schnittlauch herstellen

Angerichteten Salat mit der Vinaigrette beträufeln

Renkenlebern in Butterschmalz braten und erst zum Schluss mit Salz und Pfeffer würzen

Pfifferlinge in Butter braten, gehackte Zwiebeln zugeben, bis sie glasig sind, mit Pfeffer und Salz abschmecken, dann frische Petersilie zugeben und kurz mitdünsten

Über den angerichteten Salat zuerst die Pfifferlinge, dann die warmen Renkenlebern geben, zum Schluss noch ein wenig Petersilie – guten Appetit

Tipp: *Die Renkenleber soll durchgebraten sein!*

Tipp: *Leber immer erst nach dem Braten salzen, da sie sonst hart wird!*

Ludwig Erhard von der Fischerei Gebhardt in Possenhofen schwärmt für seine kross gebratenen gefüllten Renken:

Gebratene Renke mit Zwiebel-Schinkenfüllung und angeschwitzten Champignons

Pro Person:

1 küchenfertige Renke
1 EL feingehackte Zwiebeln
1 EL fein gewürfelter Schinken oder Speck
1 mittelgroßer Champignon, blättrig geschnitten
Salz, Zitronensaft, Mehl, Butterschmalz
Zitronenschnitze

Renke innen und außen waschen und mit Küchenkrepp trockentupfen; salzen, mit der Zwiebel-Schinkenmischung füllen, eventuell mit Zitronensaft beträufeln und rundum mit Mehl bestäuben. Überschüssiges Mehl abklopfen und den Fisch in Butterschmalz pro Seite ca. 10 Minuten nicht zu heiß braten, dabei nur einmal wenden, damit die Renke nicht auseinander bricht. Nebenbei Bratkartoffeln zubereiten und die Champignonscheiben in einer separaten Pfanne ebenfalls in Butterschmalz anschwitzen und würzen.

Die fertige Renke mit den Champignons und ein paar Zitronenschnitzen ausgarnieren. Dazu schmecken Bratkartoffeln mit Petersilie und ein frischer Blattsalat herrlich.

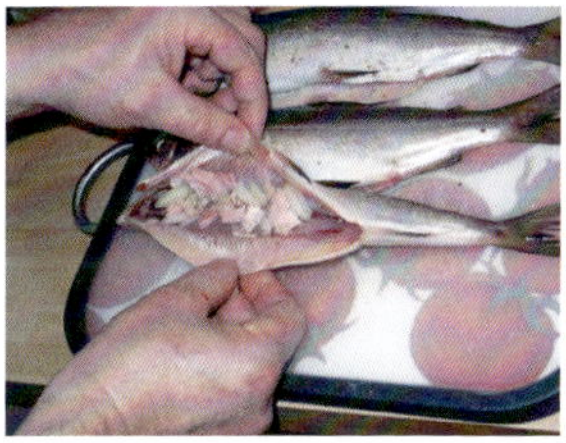

Tipp: *Butterschmalz macht eine schönere Kruste als Öl und schmeckt besser.*

Tipp: *Die Renke ist gar, wenn sich die Rückenflosse nach etwa 20 Minuten Garzeit leicht herausziehen lässt!*

Tipp: *Die gefüllte Renke kann man auch sehr gut grillen. Die Zwiebel-Schinkenfülle hält den Fisch schön saftig und gibt ihm einen kräftigen Geschmack.*

Tipp: *Fisch sollte vor dem Braten 1 Tag in der Kühlung geruht haben. Brät man ihn sofort nach dem Fangen, verformt er sich in der Hitze und der Schwanz stellt sich auf.*

Max Kugelmüller von der Fischerei Kugelmüller in Feldafing schätzt schnelle und schmackhafte Gerichte wie dieses:

Gebratene Renkenfilets in Riesling-Senf-Sahnesauce mit Butterkartoffeln und Salat

4 Personen:

8 Renkenfilets mit Haut
Kartoffeln
Butter
200 ml Sahne
150 ml Weißwein (Riesling)
1 TL Dijonsenf, Meerrettich
Salz, Pfeffer, Chilisalz, Kümmel
Blattsalate

Salatdressing:
2 TL Meerrettich
½ TL Dijonsenf
Weißweinessig
Balsamicoessig
Olivenöl, Salz, Pfeffer

Kartoffeln schälen und in Salzwasser mit etwas Kümmel fast gar kochen, abgießen. Salat waschen, putzen und in mundgerechte Stücke zupfen, Dressing aus den Zutaten herstellen und erst direkt vor dem Servieren über den Salat geben. Butter in einer beschichteten Pfanne zerlassen, Fisch beidseits würzen, mit der Hautseite zuerst ins heiße Fett geben und bei mittlerer Hitze goldbraun-knusprig braten. Wenden und kurz auf der Fleischseite zu Ende braten, aus der Pfanne nehmen und warm stellen. Derweil die Kartoffeln in einer separaten Pfanne in heißer Butter anschwenken und leicht bräunen lassen.

Den Fischbratensatz mit Riesling ablöschen, kurz einköcheln lassen, Sahne aufgießen, Dijonsenf unterrühren und weiter einköcheln lassen, abschmecken.

Je zwei Fischfilets mit Kartoffeln und der Riesling-Senf-Sahnesauce auf einem vorgewärmten Teller anrichten. Wer mag würzt noch mit etwas Chilisalz.

Dazu den Salat reichen.

Das "Kramerfeicht" von Manuel und Steffi Liebtrau (geb. Andrä) neben der Fischerei Andrä in Berg empfiehlt dieses Gericht:

Gebratenes Eglifilet mit Nussbutter und Meerrettich auf Rote-Bete-Risotto

4 Personen:

8 Eglifilets (= Barschfilet) mit Haut
Salz, Pfeffer, Worchestersauce, Zitronensaft, etwas Mehl,
3–4 Kugeln Rote Bete (fertig, vakuumverpackt)
75 ml Sonnenblumenöl
75 ml Olivenöl
Salz, Pfeffer
100 g Butter
300 g Risottoreis
1 mittelgroße Zwiebel, gewürfelt
1 Knoblauchzehe, gehackt
1 EL Butter, 1 EL Olivenöl
100 ml Weißwein
600 ml Fischfond
1 guter EL Meerrettich aus dem Glas oder frisch gerieben
2 EL gehackte Petersilie

Fisch von beiden Seiten mit Salz, Pfeffer, Worchestersauce und Zitronensaft würzen. Rote Bete in Würfel schneiden, ¾ davon in einem Mixer mit Sonnenblumen- und Olivenöl zu einem Pesto aufmixen, mit Salz und Pfeffer würzen. Die restlichen Rote-Bete-Würfel als Garnitur zurück behalten.
Für die Nussbutter die Butter in einem kleinen Töpfchen schmelzen und kurz aufkochen lassen, bis sie leicht braun wird. In ein hohes Gefäß füllen und zur Seite stellen.
Fischfond erwärmen.

Für das Risotto je 1 EL Butter und Olivenöl in einen Topf geben, Zwiebeln und Knoblauch darin anschwitzen. Den Reis hinzugeben und unter Rühren kurz mit anschwitzen, den Wein angießen und teilweise verdampfen lassen. Mit dem Fischfond aufgießen und das Ganze bei geschlossenem Deckel auf kleiner Flamme ca. 10–12 Minuten simmern lassen. Nur gelegentlich umrühren. Kurz vor dem Servieren vom Rote-Bete-Pesto (Menge nach Geschmack und Aussehen) unter das Risotto heben und mit dem Meerrettich, etwas Salz, Pfeffer und ggf. einer Prise Zucker abschmecken.

Die Eglifilets auf der Hautseite leicht mehlieren und in einer heißen Pfanne mit etwas Bratfett beidseits braten, mit der Hautseite beginnen. Pro Seite ca. 2 Minuten, dabei etwas Nussbutter über den Fisch gießen.

Beim Anrichten etwas von der Nussbutter auf die Filets und das Risotto träufeln und mit den Rote-Bete-Würfeln und etwas gehackter Petersilie ausgarnieren. Wenn vorhanden, mit etwas frisch geraspeltem Meerrettich bestreuen.

Tipp: *Wenn das Risotto zu fest ist, kann man noch etwas warmen Fischfond angießen, bis es eine cremige Konsistenz hat.*

Tipp: *Beim Risotto kommen immer eine Einheit Reis auf 2 Einheiten Fond.*

Peter Dechant von der Fischerei Dechant in Starnberg serviert dieses Rezept mit Spezialitäten aus seinem Fischladen gerne:

Gebratenes Saiblingsfilet auf Dijonsenf-Sauce mit Saiblingskaviar

Pro Person:

200 g Saiblingsfilet
20 g Saiblingskaviar
1/8 l Dechant-Senfsauce
Salz, Pfeffer, Mehl, Butterschmalz

Saiblingsfilet waschen und mit Küchenkrepp trockentupfen; salzen, pfeffern und auf der Hautseite mit Mehl bestäuben. Das Filet auf der Fleischseite 1 Minute anbraten, wenden und auf der Hautseite mit etwas mehr Hitze ca. 3–4 Minuten resch fertigbraten. Währenddessen die fertige Senfsauce in einem kleinen Topf vorsichtig erhitzen. Wer mag, kann feingeschnittenes Gemüse hinzugeben. Die Sauce auf einen vorgewärmten Teller geben, das Saiblingsfilet mit der Hautseite nach unten darauf legen und mit dem Kaviar ausdekorieren.

Dazu passen sehr gut Butterkartoffeln und ein frischer Salat.

Dieses Rezept stammt von Doris und Konrad Glas aus der Fischerfamilie Glas in Possenhofen:

Gegrillte Forellen mit Kartoffel-Sellerie-Püree

4 Personen:

4 Forellen, küchenfertig
Salz, Dill, Petersilie, Pfeffer
1 Zitrone
600 g Knollensellerie
400 g Kartoffeln
200 ml Milch
200 ml Sahne
100 g Butter
Salz, Pfeffer, Muskat

Forellen waschen und am besten 12 Stunden vorher nass salzen: Dazu die Fische mit einer Salzlösung, in der pro Liter Wasser 50g Salz gelöst sind, vollständig bedecken. Wenn dazu keine Zeit ist, Fische einfach nur innen und außen mit Salz einreiben und eine gute halbe Stunde einwirken lassen.
Für das Püree Sellerie und Kartoffeln schälen und in Würfel schneiden. Die Kartoffeln in Salzwasser garen, den Sellerie in Milch und Sahne (Verhältnis 1:1) köcheln. Oft umrühren, damit nichts anbrennt oder zu sehr aufschäumt.
Zur Zubereitung die Fische abspülen und trockentupfen, mit reichlich Dill, Petersilie und Zitronenscheiben füllen, und nochmal salzen und pfeffern. Die fertigen Forellen im vorgeheizten Backofen bei 180–200 Grad ca. 20 min grillen, am besten mit einem der speziellen Fischgriller* von Konrad Glas, oder notfalls auch direkt auf dem Grillrost. Die Metallteile, die mit dem Fisch in Berührung kommen, sollten vorher mit Öl eingerieben werden, damit nichts kleben bleibt.
Die Kartoffeln ausdämpfen lassen und durch eine Kartoffelpresse drücken. Den Sellerie mit der Flüssigkeit pürieren, allerdings vorher einen Teil der

* *www.gourmet-fischgriller.de*

Milch-Sahne-Mischung in ein kleines Gefäß umfüllen und davon nach und nach wieder etwas zum Selleriepüree hinzu geben, bis die gewünschte cremige Konsistenz erreicht ist. Anschließend Kartoffel- und Selleriepüree mischen, 10 g Butter unterrühren. Mit Salz, Pfeffer und Muskat abschmecken, bei Bedarf noch einen Schuss Sahne unterrühren. Für den besonderen Geschmack kann man das Püree mit etwas Trüffelöl oder auch Kürbiskernöl verfeinern.

Die fertigen Forellen zusammen mit dem Kartoffel-Sellerie-Püree anrichten und etwas zerlassene Butter darüber geben. Zu diesem Gericht passen auch ein frischer Salat und eine feine Dill-, Zitronen- oder Champagnersauce.

Tipp: *Mit dem Fischgriller garen die Fische in Rückenlage, bleiben dadurch sehr schön saftig und zart, und die Haut bleibt unbeschädigt.*

Tipp: *Je niedriger die Temperatur beim Grillen ist, desto zarter und saftiger wird der Fisch. Er ist gar, wenn sich die Rückenflosse leicht herausziehen lässt.*

Familie Kirner von der Fischerei Kirner in Seeshaupt empfiehlt dieses schnelle Rezept:

Geräuchertes Renkenfilet mit Reiberdatschi, Apfelmus und Meerrettich

1 Person:

1–2 Räucherrenkenfilets
100 ml Apfelmus
Sahnemeerrettich
Reiberdatschi

Reiberdatschi wie gewohnt braten und auf Küchenkrepp vom überschüssigen Fett befreien. Mit den in dekorative Stücke geschnittenen Renkenfilets hübsch anrichten und mit Apfelmus und Sahnemeerrettich servieren.
Dazu passt ein frischer Gartensalat.

Tipp: *Als Vorspeise serviert man je 1 Renkenfilet, 1 Reiberdatschi und ein kleines Salatbouquet.*

Marlene und Martin Greinwald von der Fischerei Greinwald in Tutzing:

Hechtfilet auf Gemüse mit Weißwein und Sahne

4 Personen:

800 g Hechtfilet mit Haut
6–8 gelbe Rüben
3 Zwiebeln
1–2 Lauchstangen
1 Knoblauchzehe
125 g Butter
¼ l Weißwein
300–400 ml Sahne
Kräutersalz

Hechtfilet gut abspülen und trockentupfen, von beiden Seiten kräftig mit Kräutersalz einreiben und mit der Hautseite nach oben in eine Reine oder auf ein Backblech legen. Gemüse putzen und in Würfel, Scheiben bzw. Ringe schneiden. Backofen auf 200 Grad vorheizen.

Butterstückchen auf dem Fisch verteilen, das zerkleinerte Gemüse darüber geben und den Weißwein angießen. Würzen. Das Ganze etwa 40 Minuten bei 180–200 Grad Umluft im Ofen (untere Schiene) garen. Gut 5 Minuten vor Ende der Garzeit die Sahne über Fisch und Gemüse gießen und nochmal aufbrodeln lassen.

Zum Hecht mit Gemüse schmecken Salzkartoffeln und ein frischer Salat.

Andreas Gastl von der Fischerei Gastl-Pischetsrieder in Leoni schätzt den Hecht in dieser Form:

Hechtfilet in Wein-Rahm-Sauce

4 Portionen:

*4 x 200 g Hechtfilet ohne Haut **
1 Zwiebel, gewürfelt
100 g geräucherter Schinken
Rapsöl
150 ml Sahne
½ TL Gemüsebrühe, gekörnt
1 guter Schuss Weißwein
Salz, Pfeffer

Den Fisch von beiden Seiten salzen und pfeffern und etwas ziehen lassen. In einer großen Pfanne Zwiebeln und Speck in Rapsöl anbraten, heraus nehmen und beiseite stellen. Hechtfilets beidseitig in Öl bei mittlerer Hitze (nicht zu heiß!) anbraten (nicht durchgaren, er zieht noch in der Sauce). Mit Sahne aufgießen, die Gemüsebrühe hinzugeben, umrühren und die Zwiebel-Schinkenmischung auf dem Fisch verteilen. Einen Schuss Weißwein hinzufügen und das Ganze bei milder Hitze ca. 10 Minuten ziehen lassen. Dazu schmecken Reis und Möhrengemüse, aber beispielsweise auch Kartoffeln und Salat.

** Rezept eignet sich auch für Zander oder Barsch*

Tipp: *Die Hauptsaison für Hecht ist im April/Anfang Mai, während des übrigen Jahres werden Hechte auch gelegentlich gefangen.*

Sonja und Matthias Sebald von der Fischerei Sebald in Ammerland servieren dieses Rezept gern als Vorspeise:

Marinierte Limonenrenke mit gerösteten Pinienkernen

Vorspeise für 3–4 Personen:

500 g Renkenfilets ohne Haut (vom Fischer mit der Grätenschneidemaschine in feine Streifen schneiden lassen)
10 EL Limonensaft
10 EL Olivenöl
1–2 TL Salz
2–3 EL Zucker
Pfeffer aus der Mühle
Pinienkerne
1–2 Köpfe Romanasalat
Baguette
Olivenöl, Knoblauch nach Geschmack

Marinade aus Limonensaft, Olivenöl, Salz, Zucker und Pfeffer anrühren, abschmecken. Die Filetstreifen unterheben und 40–45 Minuten (nicht länger) unter mehrmaligem Wenden darin marinieren. Zwischenzeitlich immer wieder in den Kühlschrank stellen. Derweil Pinienkerne in einer beschichteten Pfanne ohne Öl rundum gleichmäßig anrösten und kurz vor dem Anrichten Baguettescheiben in etwas Öl und Knoblauch knusprig braten. Die marinierten Fischstreifen werden auf einem Bett von Romanasalat angerichtet und mit den gerösteten Pinienkernen bestreut. Dazu reicht man das Knoblauchbaguette.

***Tipp:** Durch Zucker, Salz und die Säure der Limone ist der rohe Fisch praktisch „durchgegart“.*

***Tipp:** Ein Hingucker ist die Limonenrenke auch in einem Kranz von Tomaten-Carpaccio oder in Avocadohälften gefüllt!*

Avocado
Pinienkerne
Dill
Renke
Zucker
Limette
Olivenöl
Limettensaft

So macht Susanne Huber von der Fischerei Müller in St. Heinrich Matjes-Tatar:

Matjes-Tatar von der Renke

Matjesfilets von der Renke
Würfel von der roten Zwiebel
Senf-Dill-Sauce
Baguette

Matjes in feine Würfel schneiden und mit den Zwiebelwürfeln und der Senf-Dill-Sauce vermischen. Tatar auf Baguettescheiben anrichten und als Vorspeise oder Fingerfood reichen.

Senf-Dill-Sauce (Grundrezept)

100 g Senf, mittelscharf
120 g Zucker
100 ml neutrales Pflanzenöl
60 ml Weinessig 5 %
Salz
Dill, feingehackt

Senf und Zucker mischen, Essig und Öl langsam unter Rühren zugeben. Mit Salz abschmecken und den feingehackten Dill unterheben.

Doris Maier und Sohn Martin von der Fischerei Huber in Ambach empfehlen dieses warm und kalt zu genießende Rezept:

Räucherfisch-Gemüsekuchen

Für 1 Spring- oder Quicheform:

Mürbeteig:
250 g Mehl
125 g Butter
1 Ei
Prise Salz

Belag:
200 g geräuchertes Fischfilet (z.B. Renke, Saibling, Forelle, Brachse)
1 rote Paprikaschote
1 gelbe Paprikaschote
1 Zucchino
1 Zwiebel
1 kleine Knoblauchzehe
200 ml Sahne
2 Eier
Salz, Pfeffer, Muskat, Oregano
Olivenöl

Den Mürbeteig kneten, in eine gefettete Form geben und den Rand hochziehen. Wenn möglich so einige Zeit im Kühlschrank ruhen lassen. Das Gemüse klein würfeln und in etwas Olivenöl andünsten, würzen und abkühlen lassen. Vorsicht mit Salz, da der Räucherfisch bereits gesalzen ist.
Das gedünstete Gemüse auf dem Teigboden verteilen, geräucherten Fisch in kleine Stücke teilen und auf das Gemüse geben. Mit einigen größeren Fischstücken garnieren. Sahne mit Eiern verquirlen, würzen und darüber geben.

Kuchen bei ca. 200 Grad Ober-/Unterhitze (180 Grad Umluft) ca. 40 Minuten backen, gegen Ende eventuell abdecken, damit er nicht zu dunkel wird. Nach Belieben mit frischen Schnittlauchröllchen oder gehackter Petersilie bestreuen. Dazu passt ein knackiger Salat.

Tipp: *Das Gemüse kann der Saison angepasst werden, der Kuchen schmeckt auch sehr gut mit Fenchel, Stangensellerie, Tomaten, Zucchini und Auberginen.*

Tipp: *Statt des Mürbeteigs kann man die Quiche auch mit fertigem Blätterteig zubereiten.*

Tipp: *Lauwarm ist der Räucherfisch-Gemüsekuchen ein idealer Partysnack.*

Dieser feine Brotaufstrich wird von der Fischerei Bäck in Unterzeismering empfohlen:

Räucherfisch-Mousse

150 g geräuchertes Fischfilet ohne Haut
150 g Creme fraîche
Pfeffer
etwas Salz (Räucherfisch ist schon salzig)

Die Zutaten im Mixer oder mit dem Zauberstab fein pürieren, abschmecken. Die Mousse hält sich im Kühlschrank etwa 1 Woche. Dazu schmeckt frisches Baguette oder auch ein deftiges Vollkornbrot.

Tipp: *Diese Creme eignet sich auch perfekt, um Reste von Räucherfischen g`schmackig zu verwerten!*

Tipp: *Räucherfisch-Mousse auf kleinen runden Pumpernickel-Scheiben ist der ideale Party-Snack. Sehr gut schmeckt sie auch vor dem Essen als Amuse Bouche!*

Manuel und Steffi Liebtrau (geb. Andrä) von der Fischerfamilie Andrä in Berg kredenzen in ihrem kleinen Restaurant Kramerfeicht gern diese Suppe:

Räucherrenken-Cremesuppe

4 Personen:

2 geräucherte Renkenfilets ohne Haut
ca. 500 g Karkassen von Räucherfischen (beim Fischer vorbestellen)
½ Metzgerzwiebel, fein gewürfelt
1 Knoblauchzehe, gewürfelt
65 g Butter
25 g Mehl
250 ml Fischfond (vom Fischer oder aus dem Glas)
250 ml Weißwein
500 ml Sahne
wenig Salz, Pfeffer, Muskat, Fenchelsaat, Chili
gehackter Dill

Zwiebel- und Knoblauchwürfel in einem großen Topf in Butter anschwitzen, die Fischkarkassen darauf geben und mit anschwitzen. Mit dem Mehl bestäuben und unter Rühren anrösten lassen. Mit Weißwein ablöschen, etwas Chili und Fenchelsaat hinzugeben, kurz aufkochen lassen und unter gelegentlichem Rühren den Alkohol ausköcheln lassen. Mit dem Fischfond aufgießen und gut 20–30 Minuten simmern lassen. Die Sahne angießen und eine weitere ½ Stunde simmern lassen, würzen und abschmecken. Vorsichtig mit Salz, denn die Karkassen und der Räucherfisch sind schon salzig!
Die fertige Suppe durch ein Haarsieb passieren, bei Bedarf noch mit etwas Speisestärke abziehen.

Die Renkenfilets in Stückchen teilen und mittig auf 4 Tellern anrichten, die heiße Suppe angießen und mit etwas gehacktem Dill garnieren.

Dazu passt gerösteter Toast oder krosses Baguette.

Tipp: *Von dieser Suppe können Sie gleich eine größere Portion zubereiten und einfrieren.*

Tipp: *Mit einem grünen Pesto von Bärlauch oder Kerbel lässt sich die Suppe farblich aufpeppen.*

Räucherrenken-Salat „Hawaii“

pro Portion:

70 g geräuchertes Renkenfilet ohne Haut
½ rote Paprika, gewürfelt
½ Frühlingszwiebel, in Ringe geschnitten
½ Stange Sellerie, gewürfelt
50 g Ananasstücke (frisch oder Dose)
etwas Ananassaft
1/2 hartgekochtes Ei, gewürfelt
2 EL Schmand oder Creme fraîche
Salz, Pfeffer
frische Kräuter, gehackt

Die Gemüse- und Ananasstücke, das halbe gewürfelte Ei und das in kleine Stücke gezupfte Renkenfilet werden vorsichtig miteinander vermischt. Aus Schmand oder Creme fraîche, den Kräutern und etwas Ananassaft ein geschmeidiges Dressing rühren, mit Salz und Pfeffer abschmecken und unter den Salat heben. Das Ganze einige Stunden im Kühlschrank durchziehen lassen.

Zum Räucherrenken-Salat schmecken deftige Pumpernickel- oder frische Baguettescheiben gut.

Tipp: *Man kann den Salat entweder als Einzelportion hübsch in großen Gläsern anrichten oder beispielsweise als Bestandteil eines kalten Buffets dekorativ in einer großen Schüssel servieren.*

Tipp: *Für diesen Salat können Sie jede Art von geräuchertem Fisch verwenden!*

Susanne Huber von der Fischerei Müller in St. Heinrich empfiehlt die Renke im Bratschlauch:

Renke auf dem Gemüsebett im Bratschlauch

Pro Person:

1 küchenfertige Renke
Petersilie, Dill
15 g Butter
30 g klein gewürfelter Speck
1 Zwiebel, gewürfelt
Olivenöl
1 Stück Sellerie, gewürfelt
1 gelbe Rübe, in Scheiben geschnitten
1 Stück Lauch, in Ringe geschnitten
½ TL gekörnte Gemüsebrühe
Salz, Pfeffer
100 ml Weißwein oder Wasser

Zwiebeln in Olivenöl zusammen mit dem Speck glasig anschwitzen, Sellerie und gelbe Rüben dazugeben und mit dünsten. Zum Schluss den Lauch dazu geben. Brühe einstreuen und mit Wein oder Wasser aufgießen, abschmecken. Renke unter fließendem Wasser abspülen, trocken tupfen, von innen und außen mit Salz und Pfeffer würzen und mit Butter und Kräutern füllen. Den Bratschlauch nach Packungsanweisung vorbereiten, das Gemüse hinein geben und die Renke darauf legen. Schlauch verschließen und oben leicht einstechen, auf ein Backblech oder in eine Reine legen und im vorgeheizten Backofen 20 Minuten bei 180 Grad garen.

Als Beilage passen Reis, Baguette oder Kartoffeln.

Tipp: *Gut schmecken in diesem Gericht auch mediterrane Gemüse wie Zucchini, Tomaten, Paprika, Aubergine kombiniert mit Rosmarin, Basilikum oder Thymian.*

Ein weiterer Tipp von Fischwirtschaftsmeister Ludwig Koch, Kampberg:

Renken im Speck

4 Personen:

4 küchenfertige Renken
Saft von einer Zitrone
1 Knoblauchzehe
Salz
4 TL frischer Dill, fein geschnitten
4 TL Petersilie, frisch gehackt
60 g Doppelrahm-Frischkäse, 2 EL Milch
100 g durchwachsenes Wammerl, dünn geschnitten (ohne Schwarte)
2 Schalotten
1 EL Butter
1/8 l Gemüsebrühe
4 Nadeln Rosmarin, fein gehackt

Die Renken innen und außen kalt abwaschen, dabei ggf. noch die Kiemen entfernen und trockentupfen. Fische mit etwas Zitronensaft einreiben und salzen. Den Backofen auf 200° C vorheizen.
Die Knoblauchzehe schälen und fein hacken, mit Dill, Petersilie, Frischkäse und Milch verrühren und die Masse in den Bauch der Fische streichen. Anschließend die Wammerlscheiben um die Renken wickeln und die Fische nebeneinander in eine große feuerfeste Form legen. Die Renken im Backofen auf der mittleren Schiene in ca. 25 Minuten garen.
Währenddessen die Schalotten schälen, würfeln und in der Butter glasig braten. Die Gemüsebrühe mit den Rosmarinnadeln 5 Minuten im offenen Topf leicht einkochen lassen. Diesen Sud zu den Schalottenwürfeln gießen und 10 Minuten vor Ende der Garzeit über die Renken träufeln.

Zu den Renken im Speck schmecken Stangenweißbrot oder Salzkartoffeln und ein grüner Salat.

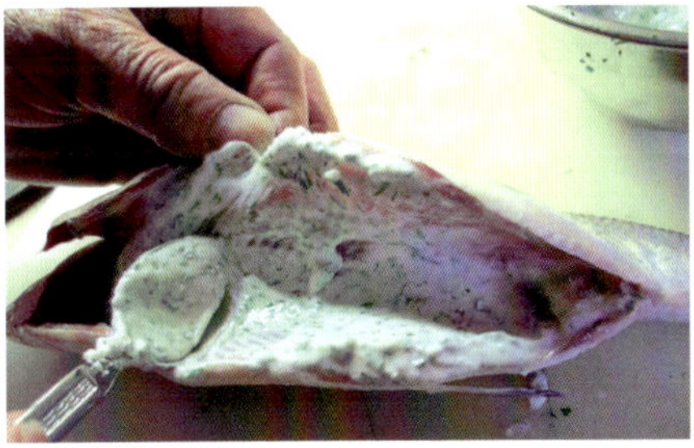

Tipp: *Wenn noch etwas von der Frischkäsemasse übrig ist, kann man den Rest mit in die Sauce geben.*

Tipp: *Anstatt der Renken können auch Saiblinge oder Forellen verwendet werden.*

Sabine Hirn von der Fischerei Mathias Hirn in Ambach gart die Renke gern saftig in der Alufolie:

Renken in der Alufolie

4 Personen:

4 küchenfertige Renken
Petersilie
gelbe Rüben, in Streifen geschnitten
Butter
Salz, Pfeffer, Zitronensaft
Alufolie

Backofen auf 225 Grad vorheizen. Renken waschen und trocken tupfen, frühzeitig mit Salz, Pfeffer und etwas Zitronensaft würzen. Ein Stück Butter, etwas Petersilie und Möhren-Streifen in den Bauch füllen.
Vier große Stücke Alufolie einfetten, je eine Renke darin locker einwickeln und die Ränder gut verschließen. Die Renkenpakete auf ein Backblech legen und auf der mittleren Schiene im Ofen bei 225 Grad Ober- und Unterhitze ca. 20 min garen. Die Fische sind gar, wenn die Augen weiß sind und sich die Rückenflosse leicht löst.

Die Renken in der geöffneten Folie auf einem Teller anrichten und Salzkartoffeln und einen frischen Salat dazu reichen.

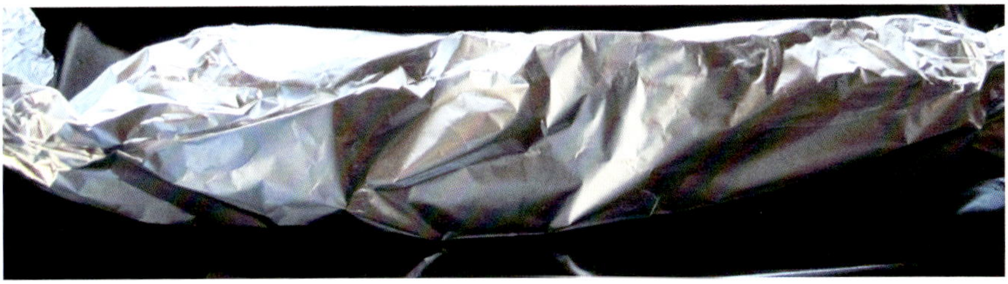

Tipp: *Man kann die Renken in der Alufolie auch auf den Grill legen.*

Tipp: *Wer mag, legt die Renken in der Folie auf ein Bett aus feinen Gemüsestreifen (Möhren, Fenchel, Lauch etc.)*

Doris Maier und Sohn Martin von der Fischerei Huber in Ambach schwärmen von diesem Rezept:

Renkenfilet in der Kartoffelkruste

2 Personen:

4 Renkenfilets ohne Haut
4 kleine Kartoffeln, festkochend
1 Ei
Salz, Pfeffer, Muskat oder Fischgewürz
Öl oder Butterschmalz zum Ausbraten
knackige Salate
Kräuterquark-Dip oder Remoulade

Die Fischfilets von beiden Seiten würzen. Kartoffeln schälen, reiben und überschüssige Flüssigkeit ausdrücken. Das Ei verkleppern, mit Salz, Pfeffer und Muskat würzen und in die Kartoffelmasse geben.
Die Hälfte der Masse in nicht zu dicker Schicht auf einer Seite der Fischfilets verteilen. Filets mit Hilfe eines Bratwenders mit der Kartoffelseite nach unten in die heiße Pfanne mit Bratfett legen und bei mittlerer Hitze langsam bräunen. Die restliche Kartoffelmasse auf die Oberseite der Filets geben und einmal wenden, zu Ende braten. Bratzeit pro Seite ca. 4 Minuten.

Je nach Geschmack mit Remoulade oder einem Kräuterquark-Dip sowie einem Salat der Saison servieren.

***Tipp:** Filets in der Pfanne wenn möglich nur einmal wenden, da sie andernfalls auseinander fallen könnten.*

Renkenfilets im Kokosmantel mit Kürbispüree und Zuckerschoten

4 Personen:

8 Renkenfilets ohne Haut (oder andere Fischfilets)
2 Eier
4 EL Mehl
100 g Kokosflocken
200 g Zuckerschoten
Butter(schmalz) zum Braten
½ Hokkaido-Kürbis
8–10 kleine Kartoffeln
200 ml Kokosmilch
20 g Butter
1 Stück Ingwer, ca. 1 cm
Salz, Pfeffer, Muskat
1 kleine Chilischote, nach Geschmack

Vom gewaschenen Kürbis einige dünne Spalten abschneiden und zur Seite legen. Geschälte Kartoffeln und den restlichen Kürbis in gleich große Würfel schneiden. Zusammen mit der Hälfte des Ingwers (in Scheiben geschnitten) in Salzwasser garen.

Währenddessen eventuelle Gräten aus den Filets mit einer Pinzette herausziehen und den Fisch von beiden Seiten mit Salz und Pfeffer würzen. Filets dann beidseits leicht mehlieren, durch die verquirlten Eier ziehen und anschließend in den Kokosflocken wenden, so dass sie gut bedeckt sind.

Kürbis und Kartoffeln abgießen und mit einem Kartoffelstampfer zerkleinern (gröberes Püree) oder mit dem Mixstab pürieren (feines Püree). Erwärmte Kokosmilch nach und nach unter das Kürbispüree mischen, bis die richtige Konsistenz erreicht ist. Butter hinzugeben und mit Salz, Mus-

kat, Pfeffer und geriebenem Ingwer abschmecken. Warm stellen.

Gewaschene Zuckerschoten und die Kürbisspalten in heißer Butter in getrennten Pfannen kurz braten – die Schoten sollen schön knackig bleiben – mit Salz und fein geschnittenem Chili würzen.

In einer großen Pfanne Butterschmalz erhitzen und die Fischfilets von beiden Seiten bei nicht zu großer Hitze ca. je 2 Minuten gold-braun braten.

Die Kokosfilets zusammen mit den Zuckerschoten und dem Kürbispüree dekorativ anrichten und mit den Kürbisspalten ausgarnieren.

Renkenfilets in Mandelbutter gebraten, Blattspinat und Petersilienkartoffeln

2 Personen:

4 Renkenfilets mit Haut
Butter/Butterschmalz
etwas Mehl
3–4 EL gehobelte Mandeln
Kartoffeln
Blattspinat, frisch oder TK (aufgetaut)
1 Zwiebel, fein gewürfelt
Knoblauch nach Geschmack
4 Champignons/Egerlinge
Petersilie, gehackt
Salz, Pfeffer, Muskat

Kartoffeln schälen und in Salzwasser garen. Mandelblättchen in einer beschichteten Pfanne ohne Fett vorsichtig hellbraun rösten, zur Seite stellen. Fischen Blattspinat waschen, aufgetauten ausdrücken. Zwiebel- und ggf. Knoblauchwürfel in etwas Butter glasig schwitzen, den Spinat hineingeben und kurz andünsten, mit Salz, Pfeffer und Muskat würzen, beiseite stellen. Fischfilets würzen und auf der Hautseite leicht mit Mehl bestäuben. Butterschmalz in einer Pfanne zerlassen und die Fischfilets bei mittlerer Hitze zunächst auf der Hautseite knusprig braten, einmal wenden und noch kurz durchziehen lassen, warm stellen.
Währenddessen die blättrig geschnittenen Champignons in etwas Butter anbraten und würzen. In einer kleinen Kasserolle Butter zerlassen und die Kartoffeln, gehackte Petersilie und die Mandelblättchen darin schwenken.

Fischfilets zusammen mit dem Blattspinat, den Petersilienkartoffeln, Champignonscheiben und der Mandelbutter auf einem vorgewärmten Teller anrichten.

Tipp: *Wenn Sie mit dem Zeigefinger „gegen den Strich" über das Renkenfilet streichen, können Sie eventuell noch vorhandene Gräten spüren und mit einer Pinzette herausziehen.*

Familie Strobl von der Fischerei Strobl in Ambach lässt sich dieses Gericht gern schmecken:

Renkenfilets mediterran

4 Portionen:

8 Renkenfilets ohne Haut
Salz, Pfeffer
4 mittelgroße Zwiebeln
4 Tomaten
1 Zitrone (unbehandelt)
Olivenöl
reichlich italienische Kräuter (frisch oder getrocknet)

Zwiebeln in feine Ringe schneiden und in Olivenöl andünsten. Renkenfilets beidseits salzen und pfeffern. Tomaten und Zitrone in Scheiben schneiden. Die angebratenen Zwiebeln auf dem Boden von Bräter, Auflaufform oder Backblech verteilen, Fischfilets darauf setzen und mit Tomatenscheiben bedecken. Die Zitronenscheiben zwischen die Tomaten legen und reichlich feingehackte mediterrane Kräuter auf dem Ganzen verteilen, würzen. Zum Schluss mit ausreichend Olivenöl übergießen. Den Auflauf bei 175° C etwa 30 Minuten im Backrohr garen.

Dazu reicht man Stangenweißbrot oder Ciabatta.

Tipp: *Dieses Rezept ist auch ideal, wenn Gäste erwartet werden. Einfach alles vorbereiten und etwa ½ Stunde vor dem Essen in den Ofen schieben!*

Renkenmatjes-Salat „Fischerinnen Art“

3 Renkenfilets „Matjes Art“ (gibt´s fertig beim Fischer)
1 Apfel
1 mittlere Zwiebel
6–8 Cornichons oder kleine Gewürzgurken
150 g Schmand oder Creme fraîche
Salz, Pfeffer
1 Schuss Gurkenwasser oder etwas Zitronensaft
frische Kräuter (Dill, Kresse etc.)

Fischfilets mit einer Pinzette von eventuell noch vorhandenen Gräten befreien, Filets in mundgerechte Stücke schneiden.
Zwiebel schälen und in dünne Ringe, Gurken in Scheiben schneiden. Apfel waschen, achteln, vom Kerngehäuse befreien und in Scheiben schneiden, Kräuter hacken. Zwiebel, Gurke, Apfel und Kräuter mit dem Schmand und einem Schuss Gurkenwasser oder etwas Zitronensaft verrühren, pfeffern und die Matjesstücke vorsichtig unterheben, durchziehen lassen, abschmecken. Vorsichtig mit Salz – der Matjes ist schon salzig!

Zum Renkenmatjessalat schmecken Pellkartoffeln oder krosse Bratkartoffeln besonders gut, auch Vollkornbrot passt prima dazu.

Tipp: *Besonders gut schmeckt`s, wenn der Matjessalat einige Stunden im Kühlschrank durchziehen konnte; schmecken Sie mit Salz erst danach ab!*

Tipp: *Matjes gibt es nicht nur von der Renke, auch beispielsweise vom Saibling schmeckt er sehr gut – fragen Sie beim Fischer!*

Maria Just von der Fischerei Just in Ammerland schätzt dieses Gericht als Vorspeise für Gäste, es kann warm oder kalt gegessen werden:

Renkentaschen auf Salat

Für 6 Taschen:

1-2 Renkenfilets ohne Haut
1 Bogen Strudelteig (Fertigprodukt)
1 Eiweiß
2–3 EL Olivenöl
1–2 Knoblauchzehen nach Geschmack, feingehackt
½ Zitrone, Saft
Dill, Liebstöckel - feingehackt
Salz, Pfeffer
Öl oder Butterschmalz zum Ausbacken
Frische Salate der Saison
Salatmarinade nach Geschmack

Aus Öl, Zitronensaft, Knoblauch, Kräutern und Gewürzen eine Marinade anrühren, Fisch in 6 kleine Stücke schneiden und etwa 1 Stunde in der Marinade ziehen lassen. Salat waschen, trocknen und schneiden, ein Dressing nach Wahl zubereiten.
Ein Strudelblatt ausbreiten und in 12 gleichgroße Rechtecke teilen, mit dem Eiweiß bestreichen (zügig arbeiten, sonst trocknet das Eiweiß an und klebt nicht mehr). Je 1 Fischstück aus der Marinade in ein Stück Salatblatt wickeln, auf ein Rechteck legen und mit einem zweiten Teigrechteck abdecken, Ränder fest andrücken, ggf. einrollen.
Teigtaschen vorsichtig beidseits in heißem Fett ausbacken und auf dem vorbereiteten Salatteller mit frischen Kräutern anrichten.

Tipp: *Die Taschen schmecken auch lauwarm oder kalt sehr gut!*

Weena und Klaus Lidl von der Fischerei Lorenz Lidl in Unterzeismering lieben die thailändische Küche:

Rotes Fisch-Curry

4 Personen:

250 g Fischfilet ohne Haut (z.B. Barsch, Renke, Hecht, Saibling)
300 ml Kokosmilch
2 EL rote Currypaste (Rezept siehe Notizzettel oder fertig gekauft)
1 EL thailändische Fischsauce
1 TL Zucker
300 g Zucchini, in Scheiben geschnitten
2 Limettenblätter, gehackt
10 Blätter Thai- oder normales Basilikum

Die Hälfte der Kokosmilch in einer großen Pfanne erhitzen. Rote Currypaste, Fischsauce, Zucker, gehackte Limettenblätter und die halbierten Zucchinischeiben hinzugeben, unter Rühren 2 Minuten aufkochen lassen.
Die Fischfilets in mundgerechte Stücke schneiden, mit in die Pfanne geben und das Ganze weitere 3–4 Minuten köcheln lassen. Den Rest der Kokosmilch zum Curry geben, nochmal kurz aufkochen und zum Schluss das Basilikum unterheben.

Zum roten Fisch-Curry passen gekochter Reis oder Nudeln.

Rote Currypaste selber machen:

2-3 rote Thaizwiebeln oder Schalotten
2-3 geschälte Knoblauchzehen
2-3 cm Galgant oder Ingwer
2 Stängel Zitronengras
5 getrocknete, lange rote Thai-Chilis
2 Kaffir-Limettenblätter
1 TL Salz
1 Msp. Korianderpulver
1 Msp. Kreuzkümmelpulver
1 TL Garnelenpaste

Alle Zutaten in einem Mixer zu einer glatten Paste verarbeiten. Bei Bedarf etwas Öl hinzu fügen.

Mutter Elisabeth von der Fischerei Gastl-Pischetsrieder in Leoni schätzt dieses Rezept besonders sonntags:

„Sonntags-Rutte" auf dem Gemüsebett

Für 3 Personen:

3 küchenfertige Rutten mit Leber
Dill- und Petersilienzweige
150 g Karotten, gestiftelt
150 g Sellerie, gestiftelt
1 Gemüsezwiebel, gehackt
2 Knoblauchzehen, gehackt
100 g Lauch, in Ringe geschnitten
Zitronensaft
Rapsöl
ca. 1/8 l Gemüsebrühe
1/8 l Weißwein
Salz, Pfeffer
8 Scheiben geräucherter Schinken, davon 2 in Würfel geschnitten

Backofen auf 200 Grad vorheizen. Rutten unter fließendem Wasser waschen und trockentupfen, innen und außen salzen, pfeffern und innen mit etwas Zitrone beträufeln. Mit je einem Dill- und Petersilienzweig füllen. Zwiebel- und Knoblauchwürfel mit Rapsöl im Backofen in einer Reine andünsten, die Schinkenwürfel dazu geben. Wenn die Zwiebeln glasig sind wird das Gemüse darauf verteilt und mit ca. 1/8 l Gemüsebrühe aufgegossen. Die Rutten auf das Gemüsebett legen, mit Schinkenscheiben belegen und das Ganze bei 190 Grad ca. 30 min im Ofen garen. 10 Minuten vor Schluss den Weißwein angießen.

Zur Sonntagsrutte passen gut Brat- oder Salzkartoffeln und Kartoffelpüree.

Tipp: *Man kann Kartoffelwürfel auch gleich mit unter das Gemüse geben.*

Tipp: *Die Leber von der Rutte ist groß und äußerst wohlschmeckend. Man kann sie separat braten oder im Fisch belassen und mit garen.*

Tipp: *Die Rutte ist der einzige im Süßwasser lebende Fisch aus der Familie der Dorsche. Ihr wohlschmeckendes Fleisch ist eher weich, die große Leber eignet sich gut zum Braten. Man fängt die Rutte bevorzugt im Winter, da sie meist in größeren Tiefen lebt.*

Die Familie von Evelin Schropp von der Starnberger Fischerei Schropp liebt dieses schnelle Pastagericht:

Spaghetti mit Räucherfisch-Sahnesauce

Für 3-4 Personen:

4 kl. geräucherte Renkenfilets oder 1 ganze geräucherte Renke
500 g Pasta (Spaghetti, Tagliatelle o.ä.)
1 geh. EL Butter
5 geh. TL Mehl
ca. 50–100 ml kaltes Wasser
200 ml Milch
2 geh. TL gekörnte Brühe
2 geh. EL Creme fraîche
1 EL Zitronensaft
Worchestersauce, Chili, Salz, Pfeffer
Petersilie, fein gehackt

Renke ggf. filetieren und Filets in mundgerechte Stückchen schneiden. Nudeln nach Packungsanweisung zubereiten.
Die Butter für eine helle Einbrenne in einem Topf zerlassen, nach und nach unter Rühren das Mehl zugeben und zunächst hellgelb rösten. Dann schussweise mit etwas Wasser glatt rühren, damit die Klümpchen sich lösen (Schneebesen). Mit der Milch aufgießen, das Brühpulver zugeben, aufschlagen und unter ständigem Rühren kurz aufkochen lassen. Mit Chili, Worchestersauce, Salz (Achtung, auch die Renke ist salzig!) und Pfeffer würzen. Zitronensaft und Creme fraîche unterrühren und zum Schluss die Renkenstückchen und die Petersilie unterheben. Nochmal kurz ziehen lassen, abschmecken und die Sauce auf der Pasta anrichten.

Dazu passt ein frischer Tomatensalat.

Tipp: *Für diese Sauce eignet sich jede Art von geräuchertem Fisch.*

Sonja und Matthias Sebald von der Fischerei Sebald in Ammerland lieben dieses unkomplizierte Familienessen:

Überbackene Fischfilets

4 Personen:

800 g Fischfilets mit Haut (Renke, Seeforelle, Lachsforelle etc.)
Salz, Zitronensaft
Butter
3 EL Senf, mittelscharf
6 EL Tomatenketchup
gehackte Petersilie
1 Dose Champignons I. Wahl in Scheiben (oder frische)
200 g geriebener Käse (Emmentaler, Leerdamer)
2 Becher Sahne (süß)

Filets säuern und nur ganz leicht salzen, Senf und Ketchup verrühren. Bratform oder Backblech buttern und Filets mit der Hautseite darauf legen, mit der Senf-Ketchup-Mischung bestreichen. Petersilie und geschnittene Champignons auf den Filets verteilen, mit Käse bestreuen, etwas Sahne angießen und im vorgeheizten Backofen bei 180 Grad ca. 20–30 Minuten garen. Gut 10 Minuten vor Schluss die restliche Sahne aufgießen.

Dazu passen Reis und frischer Salat.

Tipp: *Schmeckt auch Kindern!*

Fischwirtschaftsmeister Ludwig Koch, Kampberg, bereitet auch gern dieses Rezept zu:

Weißfischfilet-Lasagne

4 Personen:

150 g Mehl, 350 ml Milch, 2 Eier
400 g Weißfischfilet ohne Haut
2 Karotten
400 g Mangold mit Stielen oder Blattspinat
1 Zwiebel, 2 Knoblauchzehen
2 EL Butter
¼ l Fischfond
250 ml Sahne
100 g Parmesan oder Emmentaler, gerieben
Salz, Pfeffer

Aus Mehl, Milch, Eiern und etwas Salz einen Teig herstellen und 10 dünne Pfannkuchen backen. Abkühlen lassen.
Die Weißfischfilets in 3 mm breite Streifen schneiden, leicht salzen und pfeffern, kühl stellen. Das Gemüse waschen und putzen, Karotten, Zwiebel und Knoblauch schälen. Alles klein schneiden. Beim Mangold die Stiele klein schneiden und die Blätter grob zerteilen. Zwiebel und Knoblauch in heißer Butter glasig dünsten, das übrige Gemüse zugeben und kurze Zeit mit dünsten. Mit Fischfond ablöschen, die Hälfte der Sahne zugeben und 5 Minuten köcheln lassen. Mit Salz und Pfeffer abschmecken.
Eine Auflaufform oder Bratreine ausbuttern und den Boden mit einer Lage Pfannkuchen belegen. Pfannkuchen möglichst passgenau zuschneiden. Darauf eine Lage Gemüse verteilen. Nun einen Teil der noch rohen Weißfischstreifen auf das Gemüse geben. Dann folgt wieder eine Lage Pfannkuchen. Weiter so mit wechselnden Schichten verfahren, bis Gemüse, Fisch und Pfannkuchen aufgebraucht sind. Abgedeckt wird mit Pfannkuchen. Die restliche Sahne mit dem Käse verrühren, salzen und pfeffern und über die Lasagne geben.

Im vorgeheizten Backrohr bei 150° C Umluft ca. 35–40 Minuten backen.

Tipp: *Wenn das Fischfilet angefroren ist, lässt es sich besser in dünne Streifen schneiden. Oder Sie bitten den Fischer, die Filets mit seiner Grätenschneidemaschine in feine Streifen zu schneiden.*

Diese Suppe schmeckt Fischwirtschaftsmeister Ludwig Koch, Kamp-berg, besonders gut:

Wiggerls Fischsuppe

4 Personen:

1,5 l Fischfond – Rezept siehe Zettel oder fertig gekauft
200 g Renkenfilets oder andere grätenfreie Filets ohne Haut
1 kleine rote Paprika
1 kleine Zucchini
1 kleine Knolle Fenchel
2 kleine Tomaten
1 kleine Stange Lauch
etwas Safran
glatte Petersilie, Schnittlauch
Salz, Pfeffer, Muskat, Cayennepfeffer

Gemüse putzen, waschen und nicht zu fein würfeln. Filets ebenfalls würfeln, leicht salzen und pfeffern, beiseite stellen.
Fischfond erhitzen, ggf. salzen und pfeffern. Den Safran zugeben, das Gemüse den Garzeiten entsprechend nach und nach hinzufügen und bei nicht zu großer Hitze bissfest garen.
Die Suppe mit den Gewürzen pikant abschmecken, die Fischstückchen in die Suppe geben und ca. 3–4 Min. gar ziehen lassen. Die Suppe darf dabei nicht mehr kochen. Schnittlauchröllchen und feingehackte Petersilie hinzugeben.

Mit gerösteten Baguettescheiben servieren.

1,5 l Fischfond - Zutaten und Zubereitung:

ca. 500 g Karkassen und Abschnitte von mageren Fischen, z.B. Weißfische, Hecht, Zander
½ Stange Lauch
1 Petersilienwurzel
1 Gelbe Rübe
1 kleine Zwiebel
1 Knoblauchzehe
1/8 l trockener Weißwein
1 Stuck Zitronenschale unbehandelt

Karkassen und Abschnitte mit kaltem Wasser gründlich abspülen. Kiemen entfernen. Gemüse klein schneiden, alles in 1,5 l kaltem Wasser ansetzen und einmal aufkochen lassen, Schaum abschöpfen. Fischfond dann nur mehr ca. 30 Minuten ziehen lassen. Durch ein Haarsieb oder Mulltuch abgießen.

Fischerfamilien am Starnberger See

Andrä, Peter	Grafstr. 6	82335 Berg
Bäck, Johann	Erlenstr.10	82327 Unterzeismering
Dechant, Peter	Hauptstr. 20	82319 Starnberg
Erhard, Ludwig	Zum Landesteg 16	82343 Possenhofen
Ernst, Andreas	Seeseiten 1	82402 Seeshaupt
Galloth, Maria	Assenbucher Str. 35	82335 Leoni
Gastl-Pischetsrieder, Andreas	Assenbucher Str. 41	82335 Leoni
Glas, Markus	Seeweg 5	82343 Possenhofen
Goetzke, Heidi	Am See 2	82343 Possenhofen
Greinwald, Martin	Traubinger Str. 68	82327 Tutzing
Hirn, Mathias	Holzbergstr. 2	82541 Ambach
Hirn, Stefan	Hauptstr. 5	82541 Ammerland
Huber, Susanne	Buchscharnstr. 10	82541 St. Heinrich
Huber, Sylvester	Nördliche Seestr. 5	82541 Ammerland
Hubl, Waltraud	An der Mühle 1	82347 Bernried
Just, Maria	Pachmayerweg 2	82541 Ammerland
Kirner, Gisela	Hauptstr. 29	82402 Seeshaupt
Kugelmüller, Max	Possenhofener Str. 33	82340 Feldafing
Lettner, Johannes	Graf-Viereggstr. 16	82327 Tutzing
Lidl, Andreas	Hauptstr. 10	82402 Seeshaupt
Lidl, Franz	Marienstr. 16-18	82327 Tutzing
Lidl, Lorenz	Unteranger 8	82327 Unterzeismering
Maier, Doris	Holzbergstr. 5	82541 Ambach
Müller, Johann	Marienstr. 13	82327 Tutzing
Reichart, Michael	Seeleitn 27	82541 Seeheim
Schneider, Herbert	Sprunglweg 4	82340 Garatshausen
Schropp, Peter	Theresienstr. 12	82319 Starnberg
Sebald, Matthias	Nördliche Seestr. 22	82541 Ammerland
Simmerding, Ernst	Parkweg 9	82335 Berg
Spittank, Brigitte	Zieglerweg 8	82335 Allmannshausen
Strobl, Johann	Seeuferstr. 27	82541 Ambach
Urban, Wilhelm	Dürrbergstr. 11	82335 Assenhausen (Berg)
Wenzel, Gabriele	Ludwigstr. 1	82319 Starnberg
Zistl, Michael	Hauptstr. 36	82327 Tutzing

08151-50005
08158-8532
08151-12106
08157-996464
08801-1092
08151-5370
08151-5685
08157-93950
08157-7081
08158-8968
08177-8529
08177-473
08801-802
08177-929992
08158-1313
08177-8540
08801-1204 u. 915363
08157-3255
08158-8323
08801-913598 u. 9156982
08158-99500
08158-6319
08177-556 u. 92087
08158-7430
08177-1227
08158-1224
08151-16252 u. 79500
08177-9132 u. 458
08151-5233
08151-50423 u.970136
08177-489
08151-51567
08151-12195 u. 28027
08158-8785

Weitere Infos gibt's hier:
www.wuermsee.de
www.lfl.bayern.de/ifi
www.ortsmuseum-tutzing.de
www.fischerei-oberbayern.de
www.prost-mahlzeit.de *(dem Link zur Ausgabe Starnberger See folgen)*

Rezepteverzeichnis